Impressum
Verlag: BABADADA GmbH, Nedderfeld 112 , 22529 Hamburg
Geschäftsführer / Verlagsleitung: Harald Hof
Druck: Books on Demand GmbH, In de Tarpen 42, 22848 Norderstedt

Imprint
Publisher: BABADADA GmbH, Nedderfeld 112 , 22529 Hamburg, Germany
Managing Director / Publishing direction: Harald Hof
Print: Books on Demand GmbH, In de Tarpen 42, 22848 Norderstedt

اسڪول

l'école

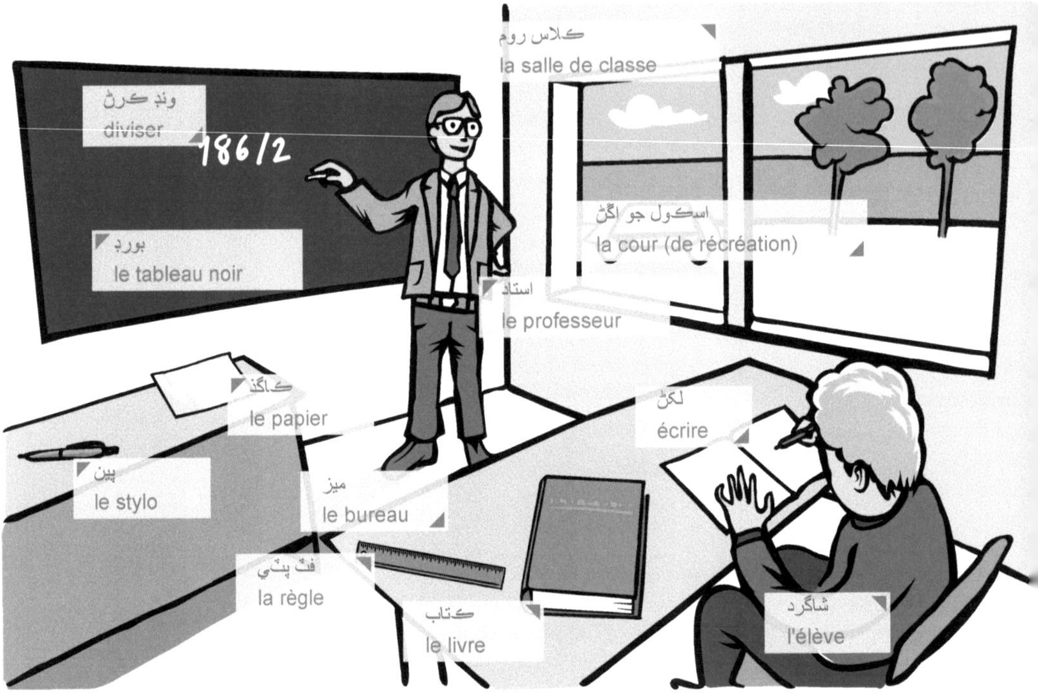
ڪلاس روم
la salle de classe
ونڊ ڪرڻ
diviser
186/2
بورڊ
le tableau noir
اسڪول جو اڱڻ
la cour (de récréation)
استاد
le professeur
ڪاغذ
le papier
لکڻ
écrire
پين
le stylo
ميز
le bureau
فٽ پٽي
la règle
ڪتاب
le livre
شاگرد
l'élève

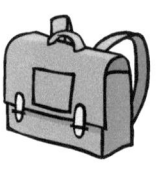

بستو

le cartable

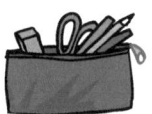

پينسل باڪس

la trousse

پينسل

le crayon

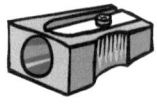

پينسل شارپنر

le taille-crayon

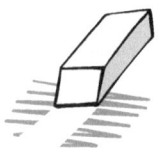

ربڙ

la gomme

ڊرائنگ پيڊ

le carnet à dessin

درائنگ

le dessin

پينٹ برش

le pinceau

پينٹ باكس

la boîte de peinture

قینچی

les ciseaux

كنونر

la colle

مشق كرنۓ واري كاپی

le cahier d'exercices

ھوم ورك

les devoirs

عدد

le chiffre

جوڑ كرنۓ

additionner

كٹ كرنۓ

soustraire

ضرب كرنۓ

multiplier

حساب كرنۓ

calculer

خط

la lettre

الفابیٹ

l'alphabet

لفظ

le mot

مضمون

le texte

پڑھٹ

lire

چاک

la craie

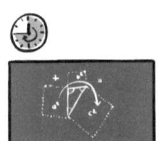

سبق

la leçon

رجسٹر

le livre de classe

امتحان

l'examen

سرٹیفیکیٹ

le certificat

اسکول یونیفارم

l'uniforme scolaire

تعلیم

la formation

انسائکلوپیڈیا

le lexique

یونیورسٹی

l'université

خوردبینی

le microscope

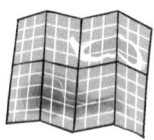

نقشو

la carte

ردی جی ٹوکری

la corbeille à papier

سفر
le voyage

Grand
هوٹل
l'hôtel
هاسٹل
l'auberge
ROOMS
رقم تبديل ڪرائڻ جي آفيس
le bureau de change
CHANGE
سوٽ ڪيس
la valise
ڪار
la voiture

ٻولي
la langue

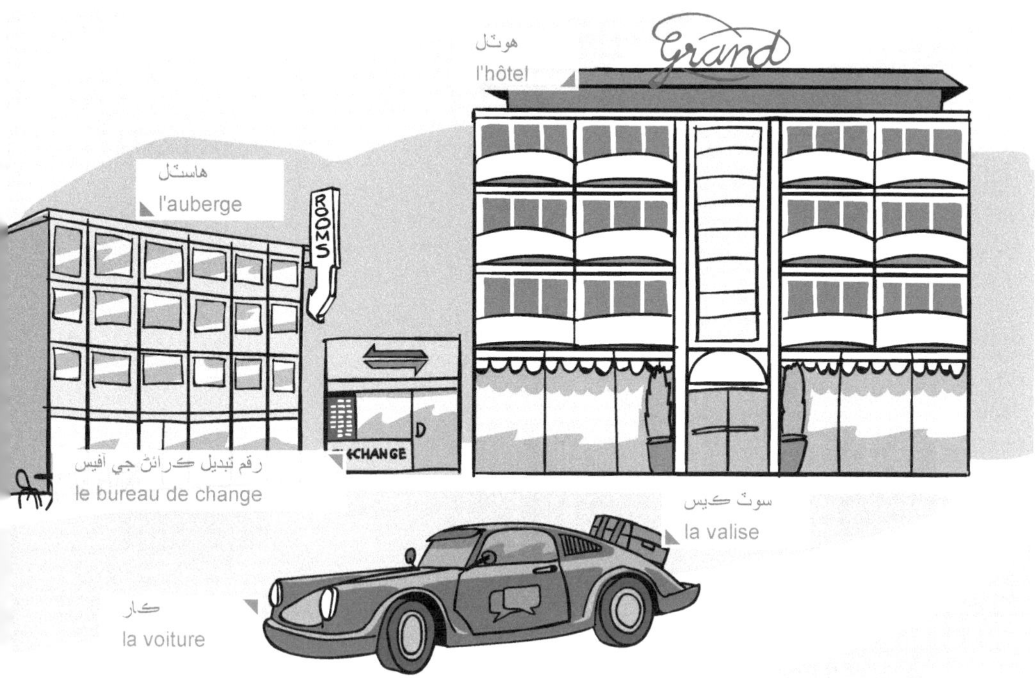

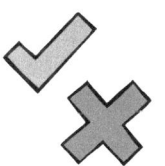

ها يا نه
oui / non

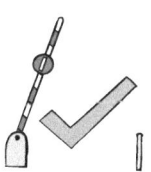

صحيح آهي
d'accord

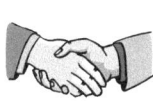

هيلو
Salut

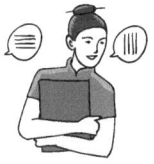

مترجم
l'interprète

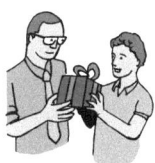

مهرباني
merci

هن جي قيمت گهٽي آهي....؟

Combien coûte...?

مون کي سمجھ ۾ نٿو اچي

Je ne comprends pas

مسئلو

le problème

گڊ ايوننگ

Bonsoir !

صبح بخير

Bonjour !

شب خير

Bonne nuit !

الوداع

Au revoir

طرف

la direction

سفري سامان

les bagages

بيگ

le sac

پويان بدّن وارو بيگ

le sac-à-dos

مهمان

l'hôte

ڪمرو

la pièce

بستر وارو بيگ

le sac de couchage

خيمو

la tente

سياحت بابت معلومات

l'office de tourisme

سمند كنارو

la plage

كريتّد كارد

la carte de crédit

ناشتو

le petit-déjeuner

لنچ

le déjeuner

دنر

le dîner

ټکټ

le billet

لفټ

l'ascenseur

مهر

le timbre

سرحد

la frontière

گاهك

la douane

سفارتخانو

l'ambassade

ويزا

le visa

پاسپورټ

le passeport

آمد و رفت
le transport

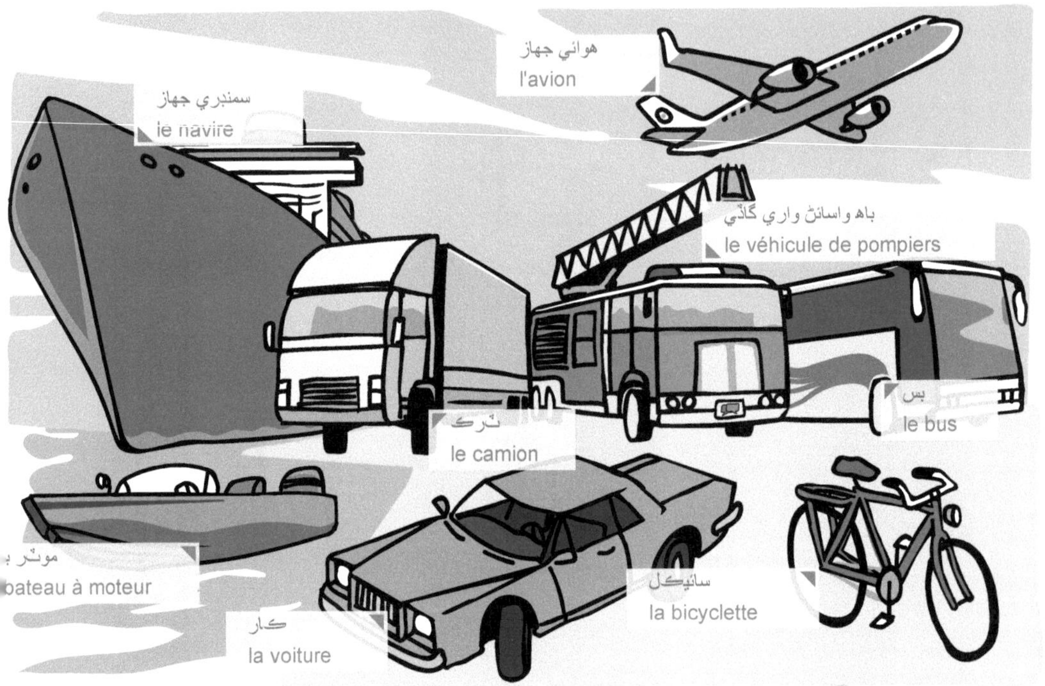
هوائي جهاز
l'avion
سمندري جهاز
le navire
باه واسائڻ واري گاڏي
le véhicule de pompiers
بس
le bus
ٽرڪ
le camion
موٽر ب
bateau à moteur
سائيڪل
la bicyclette
ڪار
la voiture

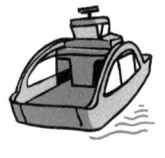

فيري

le ferry

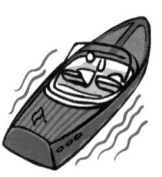

بيڙي

la barque

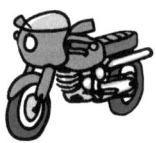

موٽر سائيڪل

la moto

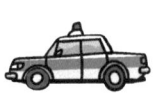

پوليس ڪار

la voiture de police

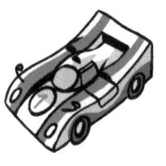

ريسنگ ڪار

la voiture de course

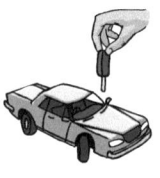

رينٽل ڪار

la voiture de location

چشیرنگ کار

l'auto-partage

چکن وارو ترک

la voiture de remorquage

کچري واري ترک

la benne à ordures

کار

le moteur

فیول

l'essence

پیټرول اسټیشن

la station d'essence

ټریفک جا نشان

le panneau indicateur

ټریفک

le trafic

ټریفک جام

l'embouteillage

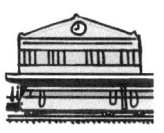

کار پارک

le parking

ټرین اسټیشن

la gare

پټړیون

les rails

ټرین

le train

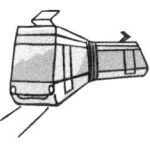

ټرام

le tramway

ویګن

le wagon

هيليكاپٽر

l'hélicoptère

ايئرپورٽ

l'aéroport

ٽاور

la tour

مسافر

le passager

ڪنٽينر

le conteneur

ڊبو

le carton

ريڙهي

le chariot

ٽوڪري

la corbeille

اڏرڻ / زمين تي لهڻ

décoller / atterrir

شهر

la ville

ڳوٺ

le village

شهر جو مرڪز

le centre-ville

گهر

la maison

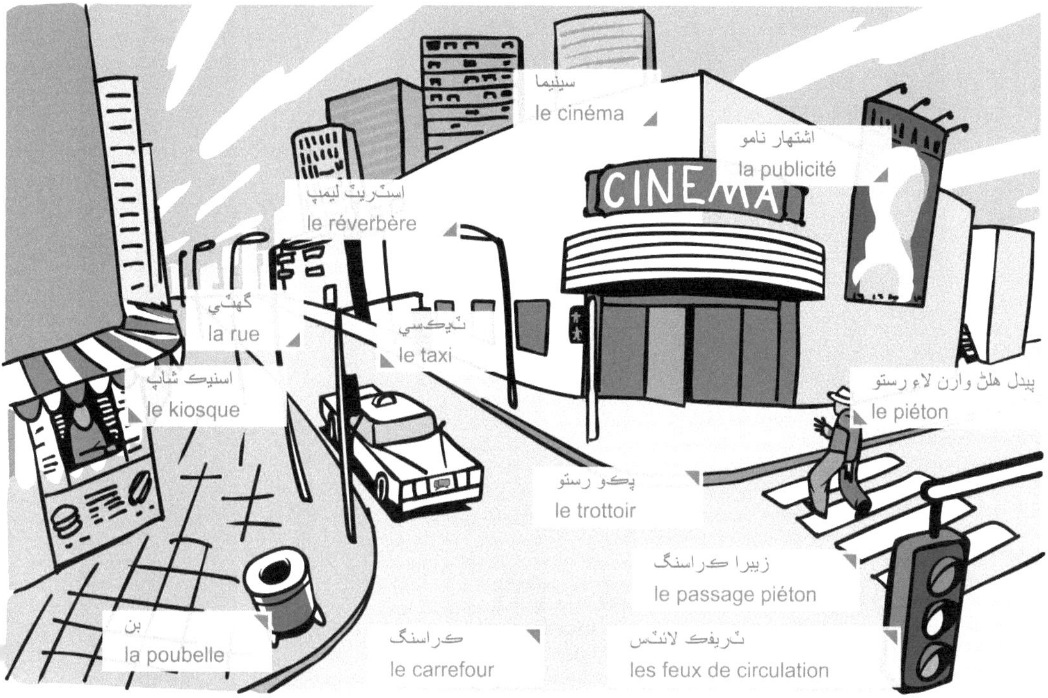

سینیما
le cinéma

اشتهار نامو
la publicité

استریٹ لیمپ
le réverbère

گهتي
la rue

ٹیکسي
le taxi

اسنیک شاپ
le kiosque

پیدل هلٹ وارن لاء رستو
le piéton

پکو رستو
le trottoir

زیبرا کراسنگ
le passage piéton

بن
la poubelle

کراسنگ
le carrefour

ٹریفک لائٹس
les feux de circulation

جهوپړي
la cabane

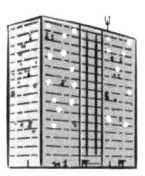
فلیٹ
l'appartement

ٹرین اسٹیشن
la gare

ٹائون هال
la mairie

عجائب گهر
le musée

اسکول
l'école

يونيورسٽي

l'université

بينڪ

la banque

اسپتال

l'hôpital

هوٽل

l'hôtel

فارميسي

la pharmacie

آفس

le bureau

ڪتابن جي ڪتاب

la librairie

دڪان

le magasin

گلن جي دڪان

le fleuriste

سپر مارڪيٽ

le supermarché

مارڪيٽ

le marché

دپارٽمينٽ اسٽور

le grand magasin

مڇي جي دڪان

la poissonnerie

شاپنگ سينٽر

le centre commercial

بندرگاھ

le port

پارک

le parc

بینچ

la banque

پل

le pont

ڈاکٹ

les escaliers

زیر زمین میٹرو

le métro

سرنگ

le tunnel

بس اسٹاپ

l'arrêt de bus

شراب خانہ

le bar

روسٹورینٹ

le restaurant

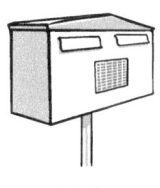

پوسٹ باکس

la boîte à lettres

اسٹریٹ سائن

le panneau indicateur

پارکنگ میٹر

le parcmètre

چڑیا گھر

le zoo

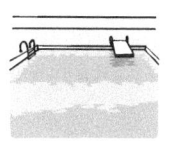

سونمنگ پول

le réverbère

مسجد

la mosquée

فارم

la ferme

آلودگي

la pollution

قبرستان

la cimetière

چرچ

l'église

راند جو ميدان

l'aire de jeux

مندر

le temple

زميني منظر

le paysage

پتو
la feuille

سائن بورڊ
le panneau indicateur

رستو
le chemin

ساوڪ واري زمين
le pré

پٿر
la pierre

وڻ
l'arbre

پيادل هلڻ وارو هائيڪر
le randonneur

دريا
la rivière

ٻوٽر
l'herbe

گل
la fleur

وادي

la vallée

جبل

la montagne

ينيد

le lac

گل

la forêt

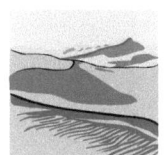

ريگستان

le désert

اتش فشان

le volcan

قلعو

le château

اندلث

l'arc-en-ciel

كنيي

le champignon

كهجي جو وڻ

le palmier

مڇر

le moustique

مک

la mouche

كيولي

les fourmis

ماكي جي مک

l'abeille

مكڙي

l'araignée

تۆندِرّ

le coléoptère

ڈێنڈر

la grenouille

نوریلژو

l'écureuil

چاهو

le hérisson

خرگوش

le lièvre

چپرو

la chouette

پکي

l'oiseau

بدک

le cygne

سونر

le sanglier

هرڼ

le cerf

أمريكي هرڼ جو قسم

l'élan

ڈيم

le barrage

هوا سان هلڻ وارونّربائين

l'éolienne

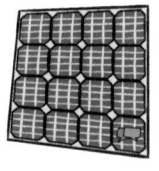

سولر پينل

le panneau solaire

أب و هوا

le climat

روسٽورينٽ

le restaurant

ويٽر
le serveur
ڪاڌي جي فهرست
le menu
ڪرسي
la chaise
سوپ
la soupe
پيزا
la pizza
ٽيبل جو ڪپڙو
la nappe
ڇهري ڪانٽا
les couverts

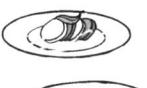

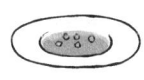

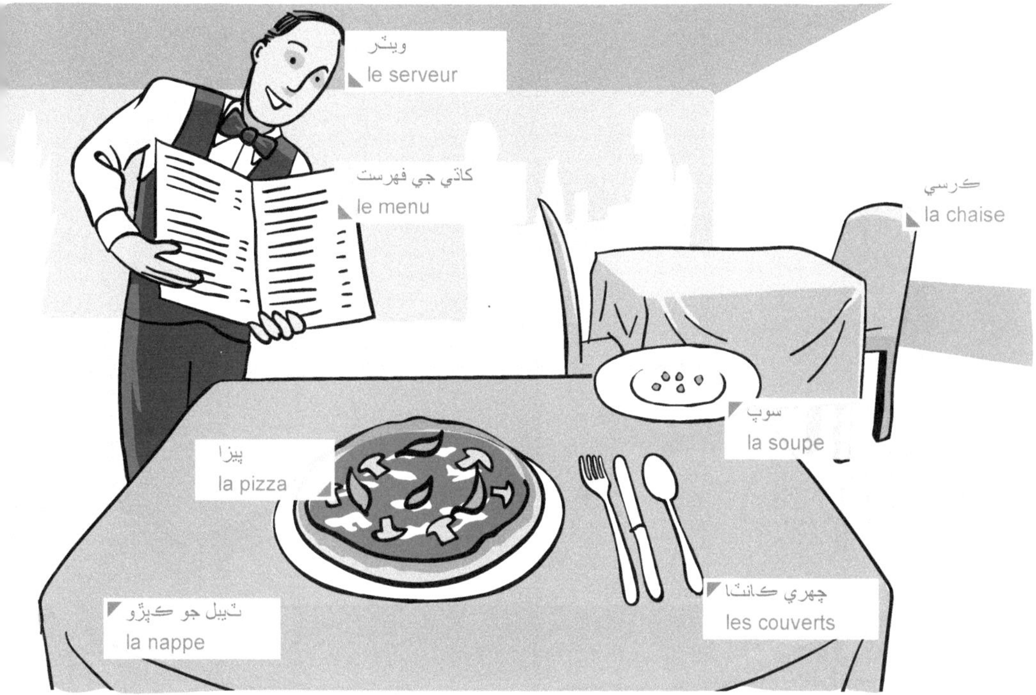

اسٽارٽر

....

les hors d'œuvre

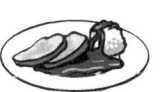

مين ڪورس

....

le plat principal

ڪاڌي ڪانپوءِ ڪائڻ وارو مٺو

....

le dessert

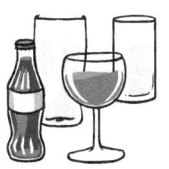

مشروب

....

les boissons

خوراڪ

....

l'alimentation

بوتل

....

la bouteille

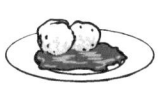

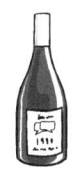

فاسٹ فوڈ

le fast-food

اسٹریٹ فوڈ

les plats à emporter

کیتلی

la théière

شگر باؤل

le sucrier

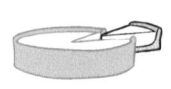

ٹکڑو

la portion

ایسپریسو مشین

la machine à expresso

اونچی کرسی

la chaise haute

بل

la facture

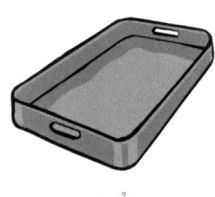

ٹری

le plateau

چھری

le couteau

کانٹو

la fourchette

چمچ

la cuillère

چانہن جو چمچو

la cuillère à thé

سرویٹی

la serviette

گلاس

le verre

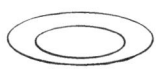

پلیٹ

l'assiette

سوپ پلیٹ

l'assiette à soupe

ساسر

la soucoupe

چٹنی

la sauce

لوݨ داني

la salière

مرچ پیسݨ والو

le moulin à poivre

سرکو

le vinaigre

کاڌو پچانݨ والو تیل

l'huile

مصالحو

les épices

کیچ اپ

le ketchup

سرنہن

la moutarde

مایونیز

la mayonnaise

سپر مارڪيٽ
le supermarché

خصوصي آفر
l'offre promotionnelle
FOR
خريدار
le client
ڊيري
les produits laitiers
فروٽ
les fruits
ٽرالي
le chariot

BUTCHERS
گوشت جي دڪان
....
la boucherie

BAKERY
بيڪري
....
la boulangerie

وزن ڪرڻ
....
peser

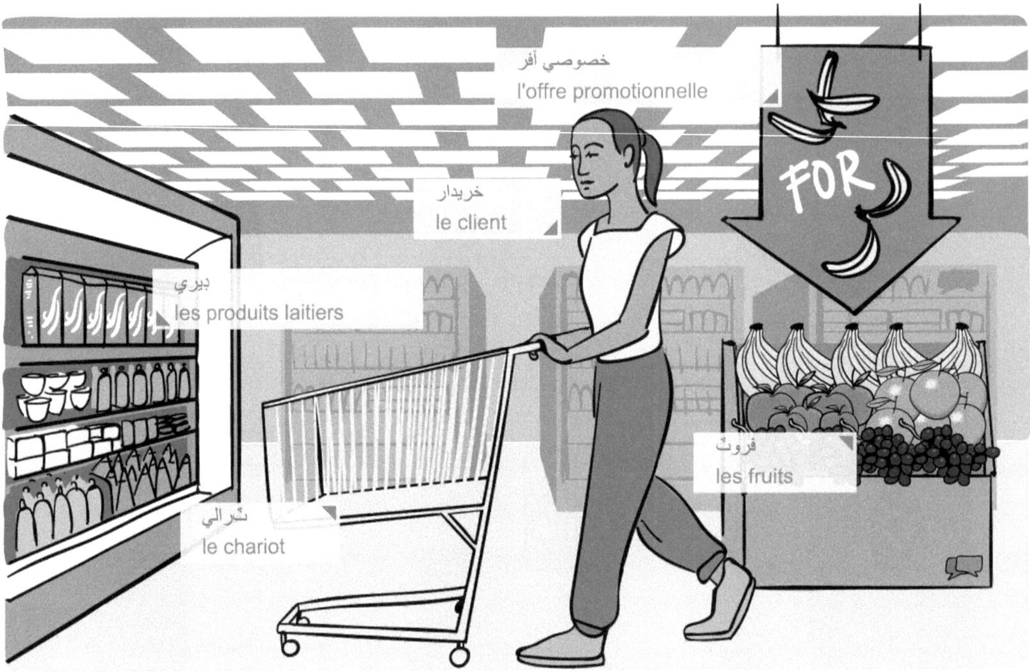

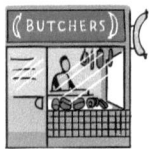

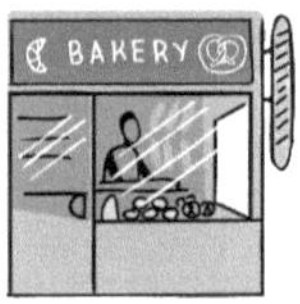

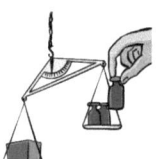

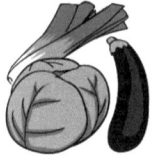

سبزيون
....
les légumes

گوشت
....
la viande

ڄميل کاڌو
....
les aliments surgelés

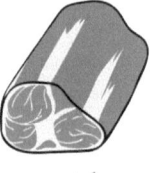

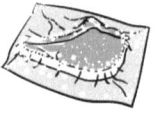

سردڕ گوشت

la charcuterie

ڈبي ۾ بند ڪانو

les conserves

واشنگ پاؤڊر

la poudre à lessive

مٺائي

les bonbons

گهريلو سامان

les articles ménagers

صفائي ڪرڻ وارا پرابڪٽس

les détergents

سيلز پرسن

la vendeuse

ڪيش رجسٽر

la caisse

خزانچي

le caissier

خريداري جي فهرست

la liste d'achats

اوقات ڪار

les heures d'ouverture

پرس

le portefeuille

ڪريڊٽ ڪارڊ

la carte de crédit

بيگ

le sac

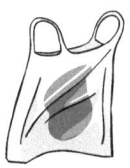

پلاسٽڪ بيگ

le sac en plastique

les boissons

پاڻي
....
l'eau

جوس
....
le jus de fruit

كير
....
le lait

كوك
....
le coca

وائن
....
le vin

بينر
....
la bière

الكوهل
....
l'alcool

كوكو
....
le chocolat chaud

چائي
....
le thé

كافي
....
le café

ايسپريسو
....
l'expresso

كپيو چينو
....
le cappuccino

كيلو

la banane

صوف

la pomme

مالۆ

l'orange

خەربووزۆ

le melon

ليمون

le citron.

گەزەر

la carotte

تۆرم

l'ail

بانس

le bambou

بصر

l'oignon

كنيي

le champignon

اخروت، بادام

les noisettes

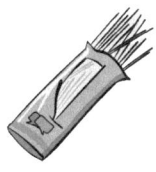

نوودلز

les pâtes

اسپيگتّي
....
les spaghetti

چانور
....
le riz

سلاد
....
la salade

چپس
....
les pommes frites

تريل پيتاتا
....
les pommes de terre rôties

پيزا
....
la pizza

هيم برگر
....
le hamburger

سينڊوچ
....
le sandwich

گوشت جو ٽڪرو
....
l'escalope

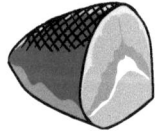

سور جي ران جو گوشت
....
le jambon

خشڪ گوشت
....
le salami

ساسيج
....
la saucisse

مرغي
....
le poulet

روسٽ
....
le rôti

مڇي
....
le poisson

جو جو دلیا

les flocons d'avoine

میوزلی

le muesli

کارن فلیکس

les cornflakes

آٹا

la farine

کروئسنٹ

le croissant

بریڈ رول

les petits-pains

بریڈ

le pain

ٹوسٹ

le pain grillé

بسکٹ

les biscuits

مکھن

le beurre

دہی

le fromage blanc

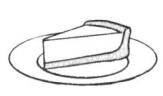

کیک

le gâteau

انڈا

l'œuf

فرائی ٹیل انڈو

l'œuf au plat

پنیر

le fromage

آئس كريم

la glace

كند

le sucre

ماكي

le miel

مربو

la confiture

چاكليّت اسپريد

la crème nougat

پاجي

le curry

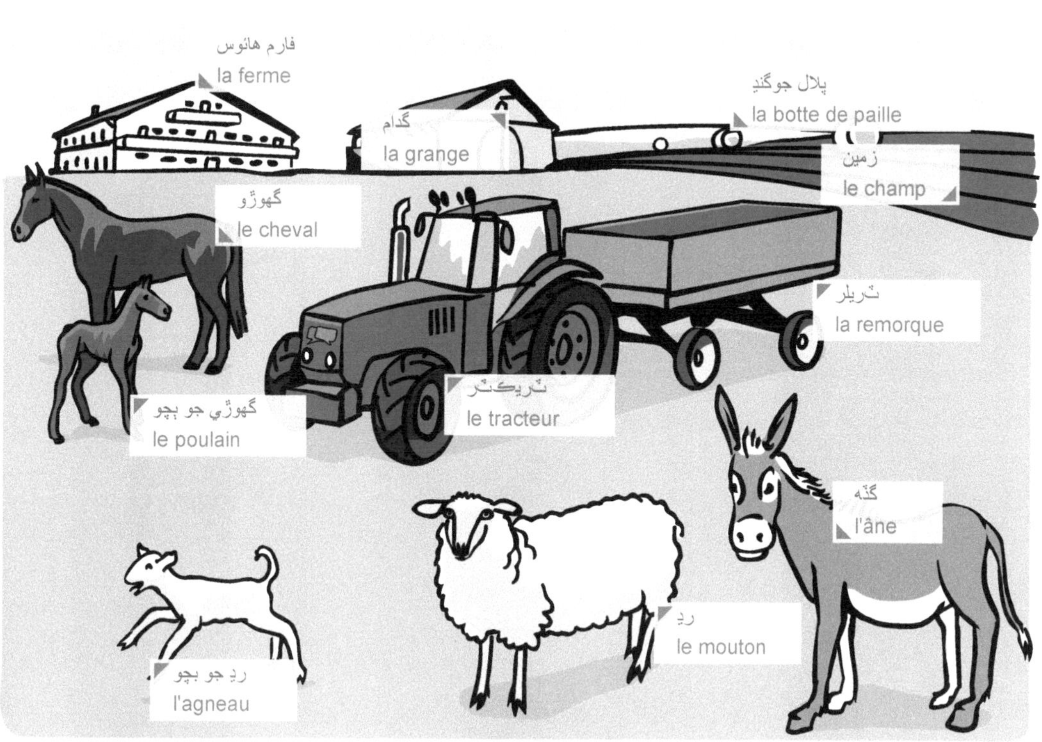

فارم هائوس
la ferme

گدام
la grange

پلال جوگند
la botte de paille

زمين
le champ

گهوڙو
le cheval

ٽريلر
la remorque

گهوڙي جو ٻچو
le poulain

ٽريڪٽر
le tracteur

گڏهه
l'âne

رڍ جو ٻچو
l'agneau

رڍ
le mouton

ٻڪري

la chèvre

ڳئون

la vache

ڦاڏو

le veau

سؤر

le porc

سؤر جو ٻچو

le porcelet

ڍڳو

le taureau

هنس

l'oie

بدک

le canard

چوزا

le poussin

مرغي

la poule

مرغو

le coq

کونو

le rat

بلی

le chat

کونو

la souris

ڈاند

le bœuf

کتو

le chien

کتی جو گھر

le chenil

گاردن هوز

le tuyau de jardin

پاڻي جو ڪين

l'arrosoir

ڈاٽو

la faucheuse

هر

la charrue

ڎانٹو

la faucille

رنبو

la pioche

ڎانداري

la fourche

کھاڑو

la hache

ھٹ سان ھلاݨ واري ريڑھي

la brouette

حوض

la cuve

کير جو ڈبو

le pot à lait

گوٿ

le sac

لوڙھو

la clôture

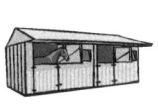

اصطبل

l'etable

گرين ھائوس

le serre

مٽي

le sol

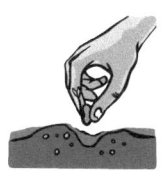

ٻج

les semences

کھاد

l'engrais

ڪمبائنڊ ھارويسٽر

la moissonneuse-batteuse

فصل ڪنڌ

récolter

فصل ڪنڌ

la récolte

هڪ قسم جي تڙڪاري

l'igname

ڪڻڪ

le blé

سويا

le soja

پٽاٽو

la pomme de terre

مڪائي

le maïs

توري جو ٻج

le colza

ميون جو وڻ

l'arbre fruitier

ڪساوا

le manioc

اناج

les céréales

la maison

چمنی
la cheminée

چھت
le toit

ذکاسي جو پائپ
la gouttière

دري
la fenêtre

گيراج
le garage

دروازي جي گھنٹي
la sonnette

دروازو
la porte

کچري جي نوڪري
la poubelle

لينر باڪس
la boîte aux lettres

باغ
le jardin

لوونگ روم
le salon

غسل خانو
la salle de bain

باورچي خانو
la cuisine

بيڊروم
la chambre à coucher

ٻارن جو ڪمرو
la chambre d'enfant

ڊائننگ روم
la salle à manger

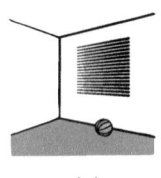

فرش

le sol

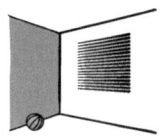

ديوار

le mur

چهت

le plafond

تهخانو

la cave

پاک وارو غسل

le sauna

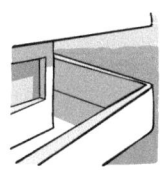

بالکوني

le balcon

ټيرس

la terrasse

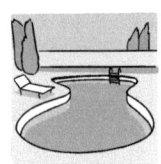

تلاؤ

la piscine

گاه کټنګ واري مشين

la tondeuse à gazon

چادر

la housse

چادر

la couette

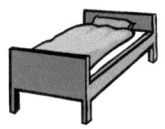

بيد

le lit

جهاړو

le balai

بالټي

le sceau

سويچ

l'interrupteur

لوونگ روم
le salon

وال پيپر
le papier peint
تصوير
l'image
ليمپ
la lampe
شيلف
l'étagère
الماري
l'armoire
ٽيليويزن
la télé
باهوواري چمني
la cheminée
گل
la fleur
ڪشن
le coussin
صوفو
le sofa
گلدان
le vase
ريموٽ ڪنٽرول
la télécommande

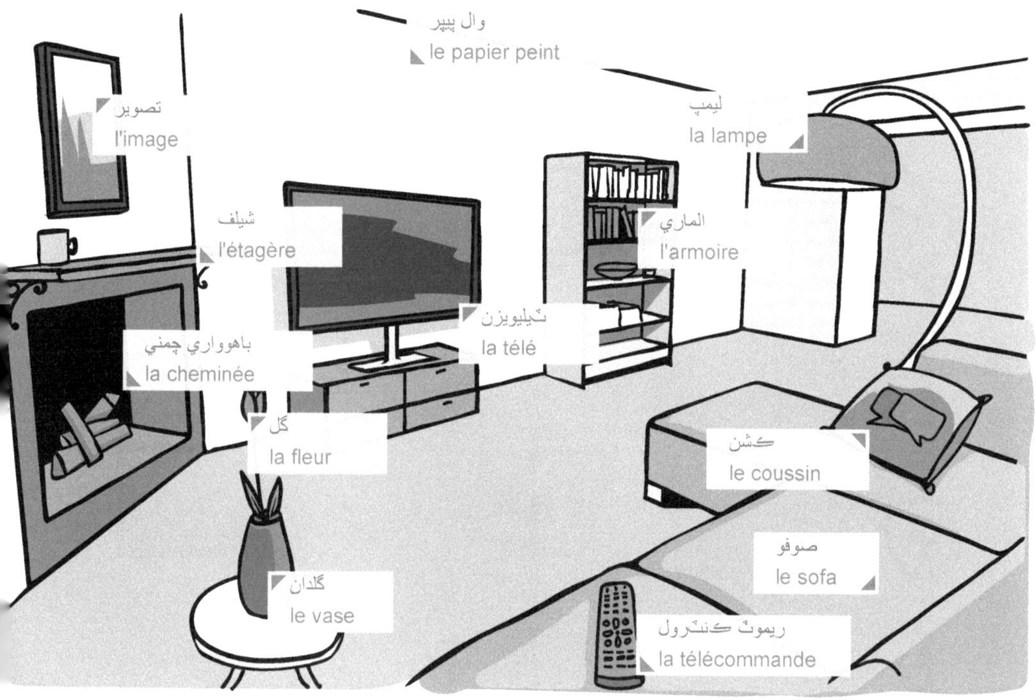

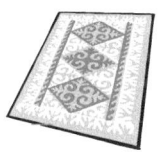

قالين

le tapis

پردو

le rideau

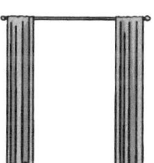

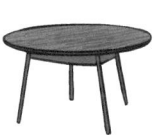

ميز

la table

ڪرسي

la chaise

لڏڻ واري ڪرسي

la chaise à bascule

آرام ڪرسي

le fauteuil

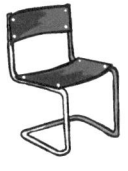

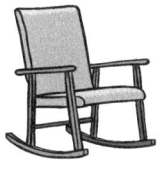

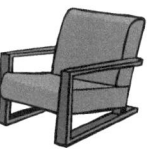

كتاب

le livre

كمبل

la couverture

أراتش

la décoration

ٻارڻ واريون ڪاٺيون

le bois de chauffage

فلم

le film

هائي فائي

la chaîne hi-fi

چاٻي

la clé

اخبار

le journal

پينٽنگ

la peinture

پوسٽر

le poster

ريڊيو

la radio

نوٽ بڪ

le bloc-notes

ويڪيوم ڪلينر

l'aspirateur

ٽوهر جو ٻوٽو

le cactus

ميڻ بتي

la bougie

باورچي خانو
la cuisine

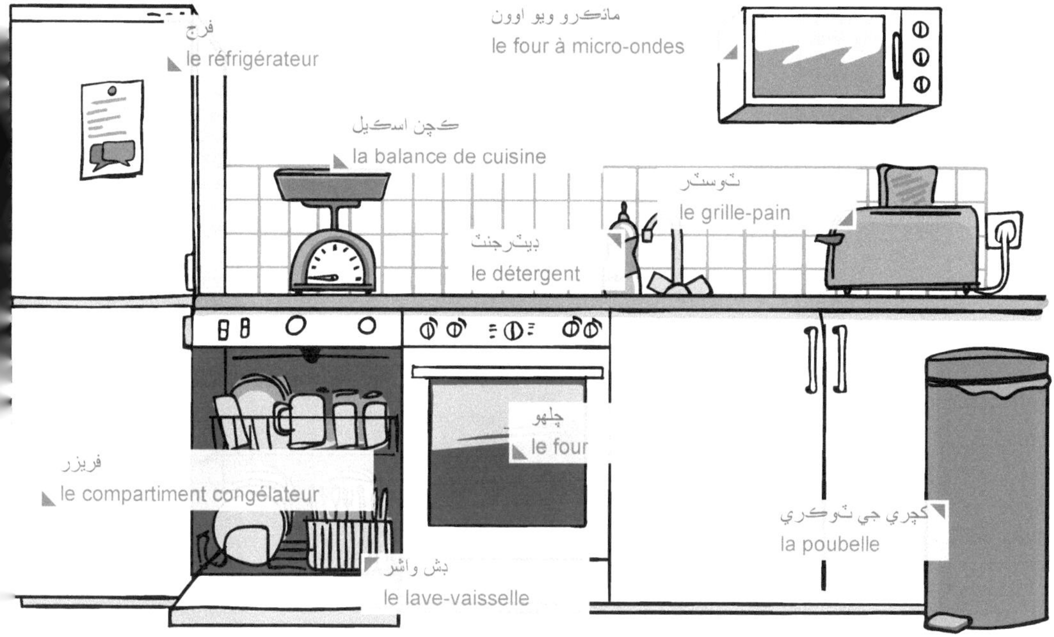

فرج
le réfrigérateur
مائڪرو ويو اوون
le four à micro-ondes
ڪچن اسڪيل
la balance de cuisine
ٽوسٽر
le grille-pain
ڊيٽرجنٽ
le détergent
چلهو
le four
فريزر
le compartiment congélateur
ڪچري جي ٽوڪري
la poubelle
ڊش واشر
le lave-vaisselle

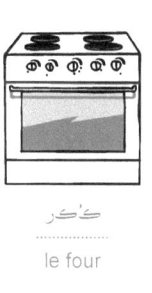

ڪُڪر

le four

ٿانو

la casserole

ڪاسٽ آئرن جا ٿانو

la marmite

ڪڙهائي

le wok / kadai

ترڻ وارو ٿانو

la poêle

ڪيٽلي

la bouilloire electrique

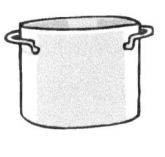

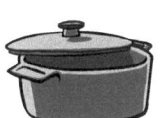

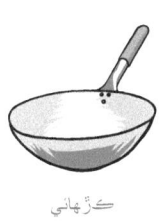

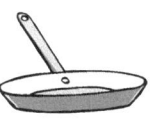

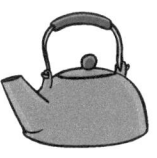

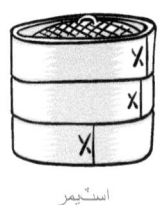

اسٹیمر

le cuiseur vapeur

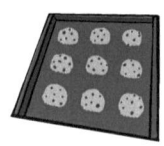

بیکنگ ٹری

la plaque de cuisson

کراکري

la vaisselle

مگ

le gobelet

پیالو

la coupe

چاپ اسٹکس

les baguettes

ڈوني

la louche

ٹفٹی

la spatule

سبزي مكسر

le fouet

چھاٹي

la passoire

چھاٹي

le tamis

كدو كش وارو اوزار

la râpe

اكري

le mortier

بار بي كيو

le barbecue

كليل باه

la cheminée

سبزي کتل وارو بورد

la planche à découper

ویلن

le rouleau à pâtisserie

کارک اسکریو

le tire-bouchon

کین

la boîte

کین اوپنر

l'ouvre-boîte

ثانو پکړن وارو کپړو

les maniques

سنک

le lavabo

برش

la brosse

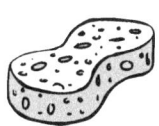

اسفنج

l'éponge

بلینډر

le mixeur

ډیپ فریزر

le congélateur

بار جي بوتل

le biberon

نل

le robinet

غسل خانو

la salle de bain

شاور
la douche
هیټنگ
le chauffage
ټوال
la serviette
شاور کرټین
le rideau de douche
ببل باټ
le bain moussant
باټ ټب
la baignoire
گلاس
le verre
واشنگ مشین
la machine à laver
نل
le robinet
ټائلز
le carrelage
پاټي
le pot
سنک
le lavabo

ټائلټ

....

les toilettes

اوکړو ویهڅ وارو ټوائلټ

....

la toilette à la turque

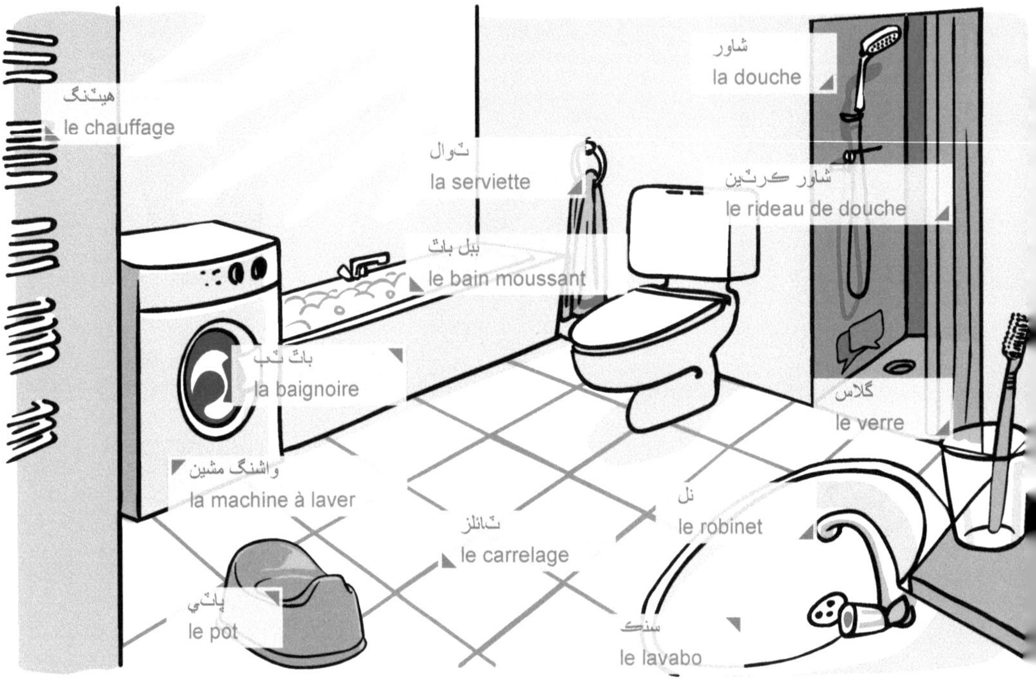

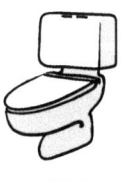

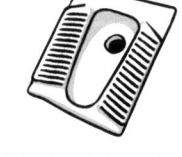

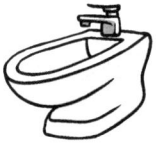

شرم گاه ذوئڅ وارو ټب

....

le bidet

پیشاب گاه

....

l'urinoir

ټائلټ پیپر

....

le papier toilette

ټائلټ برش

....

la brosse à toilette

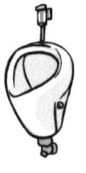

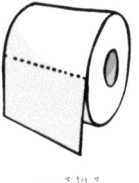

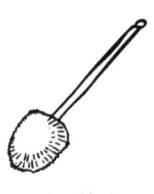

تُوتّه برش

la brosse à dents

تُوتّه پیست

le dentifrice

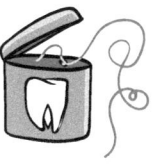

دِینتّل فلاس

le fil dentaire

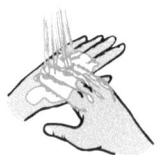

تُوئَن

laver

هیند شاوِر

la douche manuelle

شاوِر

la douche intime

بییک برش

la vasque

بییک برش

la brosse dorsale

صابِن

le savon

شاوِر جِل

le gel douche

شیمپو

le shampooing

فلالِین

le gant de toilette

دِرِین

l'écoulement

کرِیم

la crème

دِیودورِنت

le déodorant

آئينو

le miroir

هنّ م پکرّژ وارو آئينو

le miroir cosmétique

ريزر

le rasoir

شيونگ فوم

la mousse à raser

أفٹر شيو

l'après-rasage

كنگي

la peigne

برش

la brosse

هينر درائير

le sèche-cheveux

هينر اسپري

la laque pour cheveux

ميك اپ

le fond de teint

سرخي

le rouge à lèvres

نيل وارنش

le vernis à ongles

كپه

l'ouate

نيل سيزر

le coupe-ongles

پرفيوم

le parfum

واش بیگ

la trousse de toilette

اسٹول

le tabouret

وزن کرٹ واری مشین

le pèse-personne

باتھ روب

le peignoir

ربڑ جا دستانا

les gants de nettoyage

ٹیمپون

le tampon

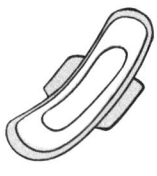

صفائی وارو ٹاول

les serviettes hygiéniques

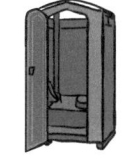

کیمیائی ٹوائلٹ

la toilette chimique

ٻارن جو ڪمرو
la chambre d'enfant

الارم ڪلاڪ
le réveil
ڪبلي ٽوائي
le doudou
رانديڪي واري ڪار
la voiture jouet
جهنجهٽو
le hochet
گڏي جو گهر
la maison de poupée
گفٽ
le cadeau

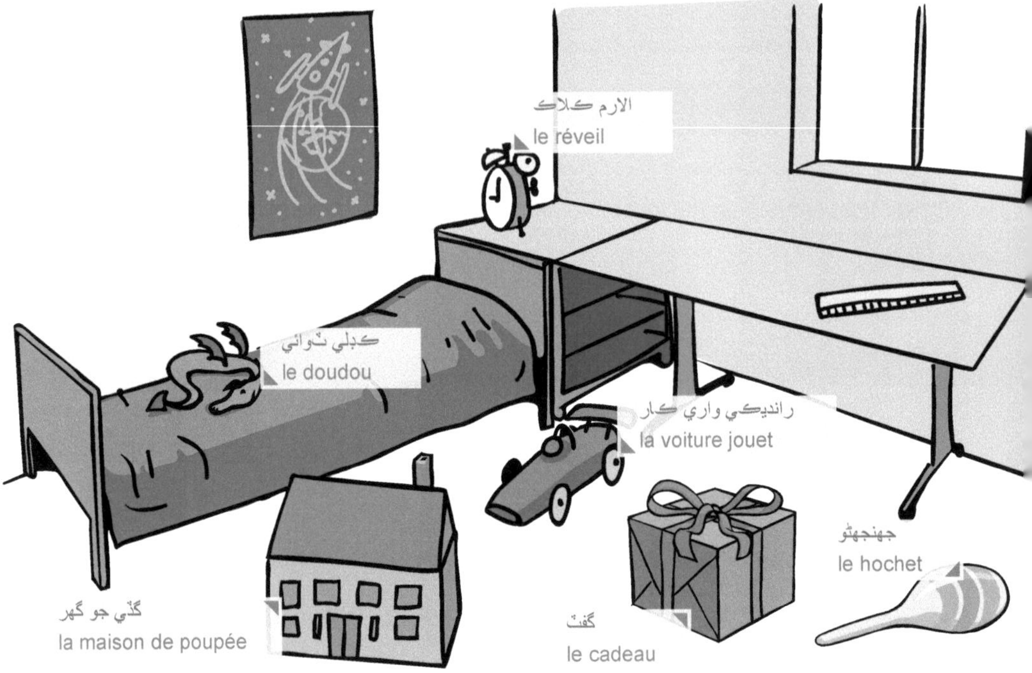

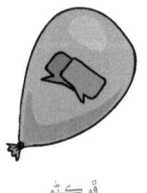

ڦوڪڻو
....
le ballon

بيڊ
....
le lit

ٻار جي ڳاڏي
....
la poussette

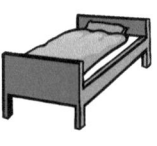

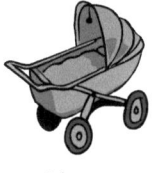

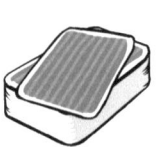

ڊيڪ آف ڪارڊز
....
le jeu de cartes

جگسا
....
le puzzle

SUPER
MEGA

ڪامڪ
....
la bande dessinée

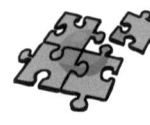

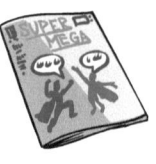

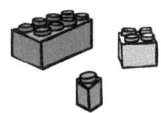

ليگوبريگس

les pièces lego

رانديكن وارا بلاكس

les blocs de construction

ايكشن فگر

la figurine

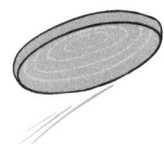

بيبي گرو

la grenouillère

فرسبي

le frisbee

رانديكي واري موبائل

le mobile

بورڊ گيم

le jeu de société

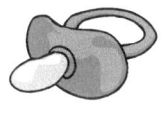

چهڪو

le dé

مادل ٽرين سيٽ

le train miniature

بارن جي چوسڻ واري نپل

la sucette

پارٽي

la fête

تصوير واري كتاب

le livre d'images

بال

la balle

گڏي

la poupée

کيڏڻ

jouer

سينڊ پٽ

le bac à sable

جهولا

la balançoire

رانڊيڪا

les jouets

وڊيو گيم ڪنسول

la console de jeu

ٽن قيٽن واري سائيڪل

le tricycle

ٽيڊي بيئر

l'ours en peluche

ڪپڙن جي الماري

l'armoire

لباس

les vêtements

جرابا

les chaussettes

اسٽاڪنگز

les bas

ٽائيٽس

le collant

اسكارف
l'écharpe

بيلټ
la ceinture

چتّي
le parapluie

نّي شرټ
le t-shirt

بوټ
les bottes

جاگر شوز
les baskets

چپل
les pantoufles

سينډل
les sandales

جوتا
les chaussures

ربّر جا بوټ
les bottes de caoutchouc

انډرپينټس
les sous-vêtements

بريزر
le soutien-gorge

واسكټ
le maillot de corps

لباس - les vêtements   45

جسم

le body

پتلون

le pantalon

جینز پینٹ

le jean

اسکرٹ

la jupe

جولو

le chemisier

قمیض

la chemise

جرسی

le pull

ہودی

le sweat à capuche

بلیزر

la veste

جیکٹ

la veste

کوٹ

le manteau

بارش م پائٹ وارو کوٹ

l'imperméable

پوشاک

le costume

لباس

la robe

شادي جوليباس

la robe de mariée

سوٹ

le costume

نائٹ گاؤن

la chemise de nuit

پاجامو

le pyjama

ساڑي

le sari

ملّي ٹي بڈّ وارو اسڪارف

le foulard

پگڑي

le turban

برقعو

la burqa

ڪفتان

le caftan

عبايو

l'abaya

تيراڪي جو لباس

le maillot de bain

چڊي

le maillot de bain

نيڪر

le short

ٽريڪ سوٽ

la tenue d'entraînement

اپرن

le tablier

دستانا

les gants

بتڼ

le bouton

چشمو

les lunettes

بریسلیټ

le bracelet

هار

le collier

منډي

la bague

والیون

la boucle d'oreille

ټوپي

le bonnet

کوټ هینګر

le cintre

ټوپي

le chapeau

ټاني

la cravate

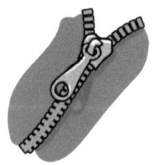

زپ

la fermeture éclair

هیلمټ

le casque

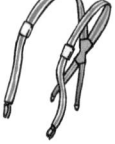

بریس

les bretelles

اسکول یونیفارم

l'uniforme scolaire

وردي

l'uniforme

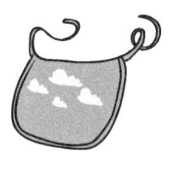

ٻارن لاءِ ڳلي ۾ ٻڌڻ وارو ڪپڙو

le bavoir

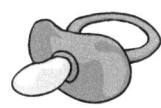

ٻارن جي چوسڻ واري نپل

la sucette

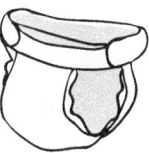

ڪڇو

la lange

آفس

le bureau

سرور
le serveur
فائلن جي الماري
l'armoire d'archivage
ڪاڳذ
le papier
پرنٽر
l'imprimante
مانيٽر
l'écran
ميز
le bureau
ماؤس
la souris
فولڊر
le classeur
ڪي بورڊ
le clavier
ردي جي ٽوڪري
la corbeille à papier
ڪمپيوٽر
l'ordinateur
ڪافي مگ
la chaise

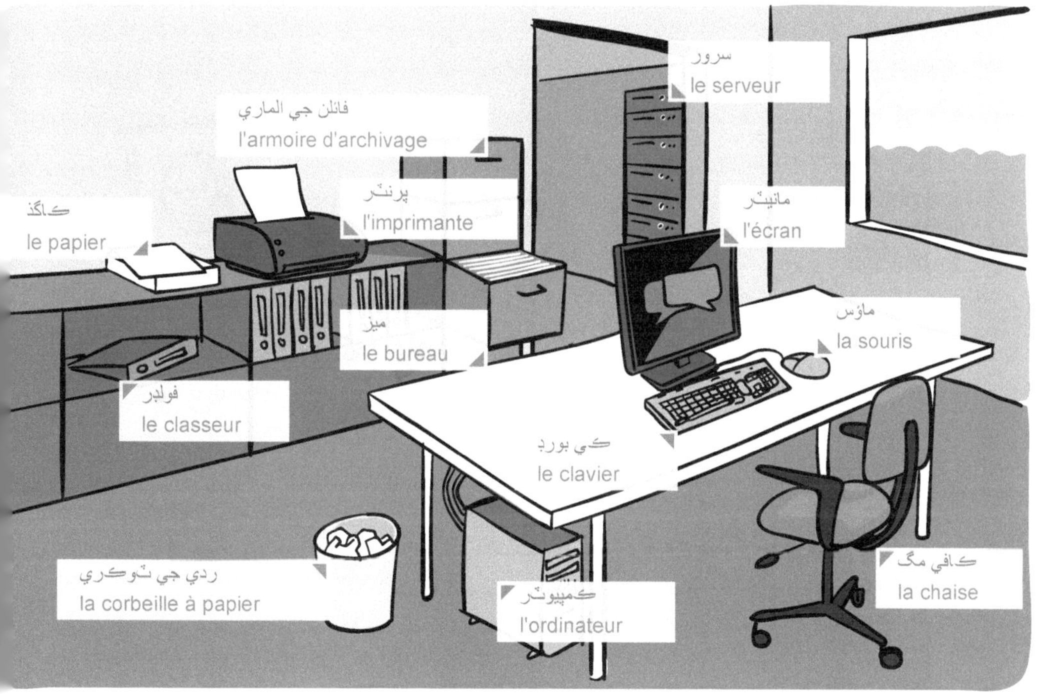

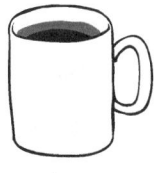

ڪافي مگ

la tasse de café

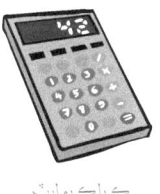

ڪيلڪيوليٽر

la calculatrice

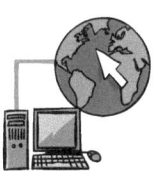

انٽرنيٽ

l'internet

لیپ ٹاپ

l'ordinateur portable

خط

la lettre

پیغام

le message

موبائل

le portable

نیٹ ورک

le réseau

فوٹو کاپی کرٹ واری مشین

la photocopieuse

سافٹ ویئر

le logiciel

ٹیلی فون

le téléphone

پلگ ساکٹ

la prise

فیکس مشین

le fax

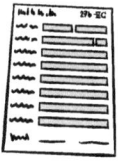

فارم

le formulaire

دستاویز

le document

خريد كرنؔ

acheter

ادا كرنؔ

payer

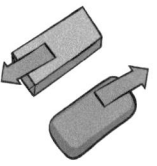

صاف كرنؔ

faire du commerce

پيسا

la monnaie

ڈالر

le dollar

يورو

l'euro

يين

le yen

روبل

le rouble

سوئس فرانک

le franc suisse

رينمنيبی يوأن

le renminbi yuan

روپيو

la roupie

كيش پوائنٹ

le distributeur automatique

رقم تبديل کرائٹ جی آفیس

le bureau de change

سون

l'or

چاندي

l'argent

خام تیل

le pétrole

توانائي

l'énergie

قیمت

le prix

معاهدو

le contrat

ٹیکس

la taxe

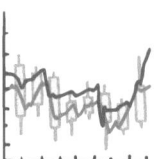

ذخیرو

l'action

کم کرڻ

travailler

ملازم

l'employé

أجر

l'employeur

فیکٹري

l'usine

دکان

le magasin

les professions

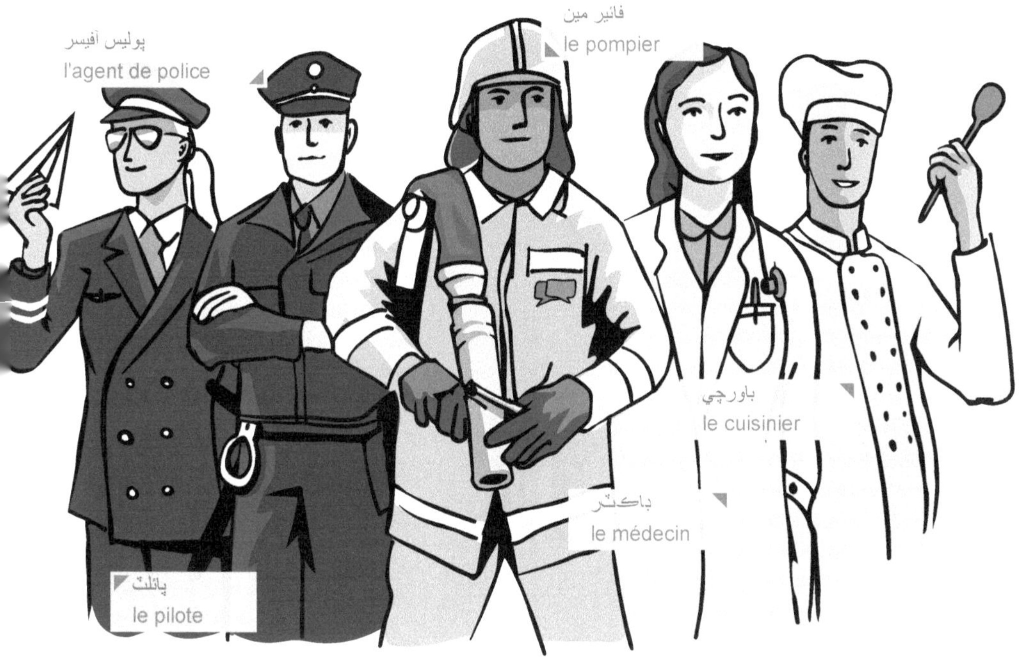
پولیس آفیسر
l'agent de police
فائير مين
le pompier
باورچي
le cuisinier
ډاکټر
le médecin
پائلټ
le pilote

مالي
le jardinier

وايو
le menuisier

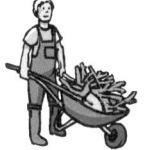

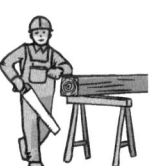

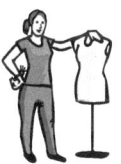

درزن
la couturière

جج
le juge

کیمیسټ
le chimiste

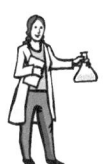

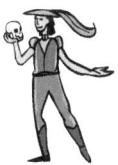

اداکار
l'acteur

بس ڈرائیور

le conducteur de bus

ٹیکسی ڈرائیور

le chauffeur de taxi

مچھی مارڻ وارو

le pêcheur

صفائي كرڻ واري ماني

la femme de ménage

ڇهت ٺاهڻ وارو

le couvreur

ويٽر

le serveur

شكاري

le chasseur

رنگ ساز

le peintre

نانوائي

le boulanger

اليڪٽريشن

l'électricien

بلدر

l'ouvrier

كاسائي

le boucher

پلمبر

le plombier

انجنينر

l'ingénieur

پوسٽ مين

le facteur

سپاهي

le soldat

ارکيټيکټ

l'architecte

خزانچي

le caissier

ګل کيلنڅ وارو

le fleuriste

ناني

le coiffeur

کنډيکټر

le contrôleur

مکينيک

le mécanicien

کپتان

le capitaine

ډينټسټ

le dentiste

ساينسدان

le scientifique

يهودي عالم

le rabbin

امام

l'imam

راهب

le moine

پادري

le prêtre

اوزار
les outils

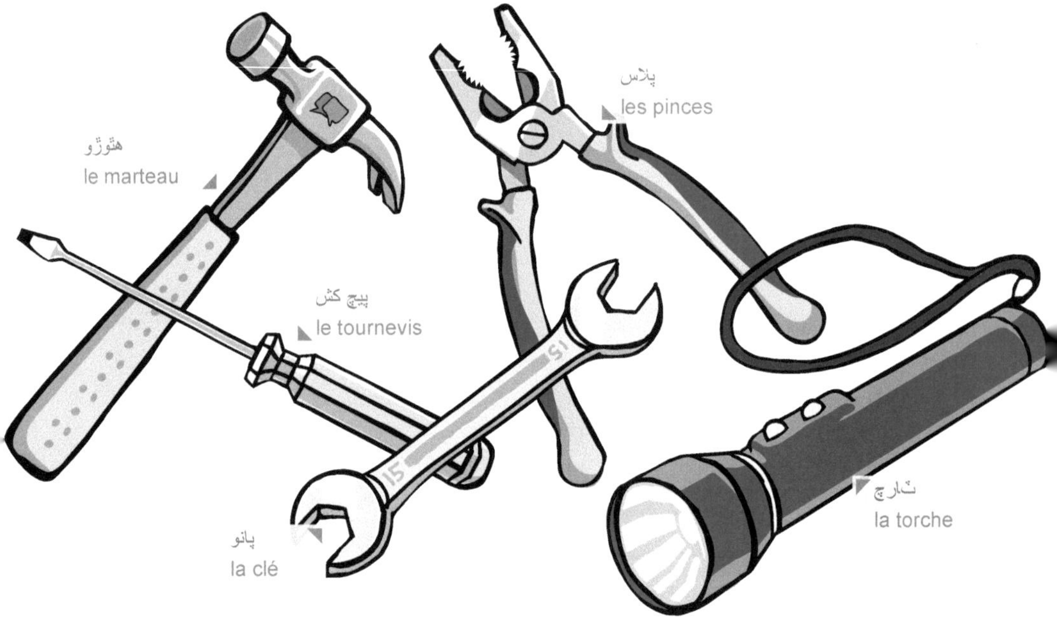
هٿوڙو
le marteau
پلاس
les pinces
پيچ ڪش
le tournevis
پانو
la clé
ٽارچ
la torche

ايڪسڪويٽر
....
la pelleteuse

ٽول باڪس
....
la boîte à outils

ڏاڪڻ
....
l'échelle

آري
....
la scie

ڪوڪو
....
les clous

ڊرل
....
la perceuse

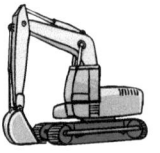

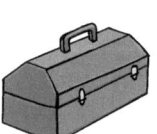

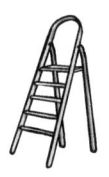

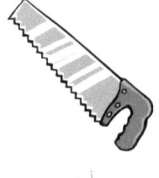

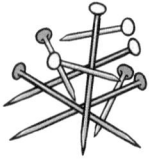

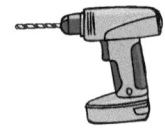

مرمت کرل

réparer

بیلچو

la pelle

لعنت هجي!

Mince !

کچری دان

la pelle

پینټ وارو دبو

le pot de peinture

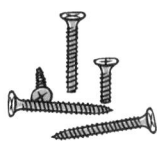

پیچ

les vis

موسيقي جا اوزار

les instruments de musique

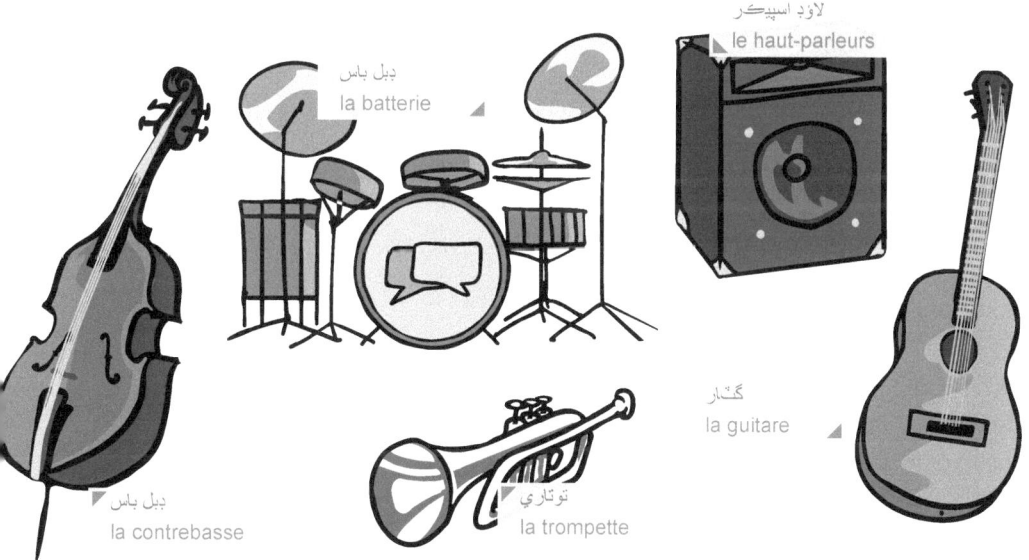

ډبل باس
la batterie

لاؤډ اسپیکر
le haut-parleurs

ډبل باس
la contrebasse

توتاري
la trompette

ګٽار
la guitare

پيانو

le piano

وائلن

le violon

گـتار

la basse

تـمپاني

les timbales

درم

le tambour

كـي بورد

le piano électrique

سيـكـوفون

le saxophone

بانسري

la flûte

مانيـكـروفون

le microphone

چڙيا گھر
le zoo

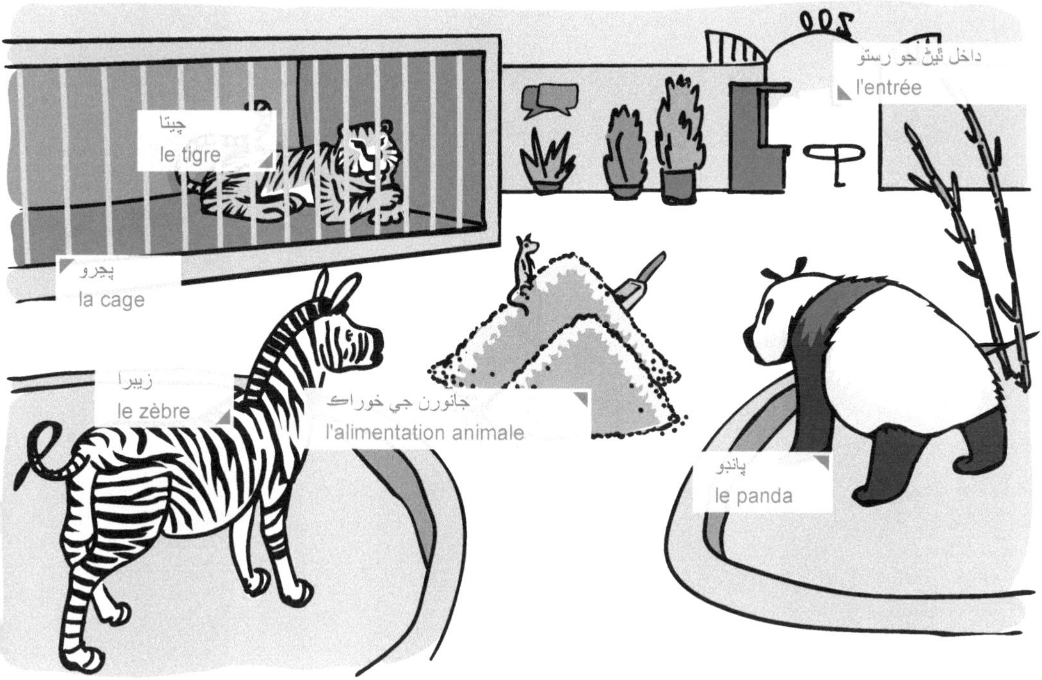
داخل ٿيڻ جو رستو
l'entrée
چيتا
le tigre
پڃرو
la cage
زيبرا
le zèbre
جانورن جي خوراڪ
l'alimentation animale
پانڊو
le panda

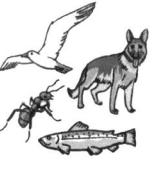

جانور

les animaux

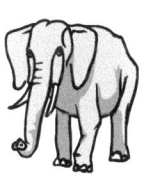

هاٿي

l'éléphant

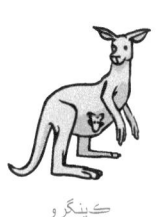

ڪينگرو

le kangourou

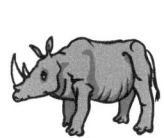

گينڊو

le rhinocéros

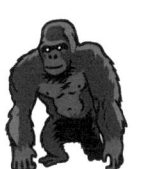

گوريلو

le gorille

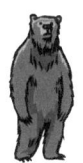

رڇ

l'ours

اٺ
....

le chameau

شُتَر مرغ
....

l'autruche

شينهن
....

le lion

پولڑو
....

le singe

فليمنگو
....

le flamand rose

طوطو
....

le perroquet

برفاني رچ
....

l'ours polaire

کبوتر
....

le pingouin

شارک
....

le requin

مور
....

le paon

نانگ
....

le serpent

واگُون
....

le crocodile

چڑیا گھر جو محافظ
....

le gardien de zoo

گوج مچي
....

le phoque

چيتو
....

le jaguar

نْتْون

le poney

چیټو

le léopard

درياني ګهوړو

l'hippopotame

چزراف

la girafe

باز

l'aigle

سوئر

le sanglier

مچي

le poisson

كمی

la tortue

سامونډي ګهوړو

le morse

لومړي

le renard

هرن

la gazelle

آمریکن فوتبال
l'american Football

سایکلنگ
le cyclisme

تینس
le tennis

باسکت بال
le basket-ball

تیراکی
la natation

آئس هاکی
le hockey sur glace

باکسنگ
la boxe

فوتبال
le football

بیڈمنٹن
le badminton

ایتھلیٹکس
l'athlétisme

ہینڈ بال
le handball

اسکینگ
le ski

پولو
le polo

نٽپوټېن
sauter

کڅن
rire

پاکر پاڼن
embrasser

هلن
marcher

گانو ګانن
chanter

خواب ټسن
rêver

دعا کرن
prier

چمي ټین
faire la bise

لکن
écrire

تصویر کشي کرن
dessiner

ټیکارن
montrer

ټاکوټین
pousser

ټین
donner

وټن
prendre

ركٹ

avoir

کرٹ

faire

ٹین

être

بیہٹ

être debout

بجٹ

courir

چکٹ

trier

اچلانٹ

jeter

کرٹ

tomber

کوڑ گالھانٹ

être couché

انتظار کرٹ

attendre

کٹی وجن

porter

ویہٹ

être assis

تیار ٹین

s'habiller

سمنہٹ

dormir

جاگٹ

se réveiller

ڏسڻ

regarder

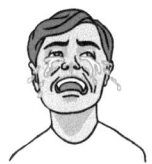

روئڻ

pleurer

ڌڪ هڻ

caresser

ڪنگي ڪرڻ

peigner

ڳالهائڻ

parler

سمجهڻ

comprendre

پڇڻ

demander

ٻڌڻ

écouter

پيئڻ

boire

کائڻ

manger

صاف ڪرڻ

ranger

پيار ڪرڻ

aimer

پچائڻ

cuire

گاڏي هلائڻ

conduire

اڏڻ

voler

بحري سفر كرڻ

faire de la voile

حساب كرڻ

calculer

پڙهڻ

lire

سکڻ

apprendre

كم كرڻ

travailler

شادي كرڻ

se marier

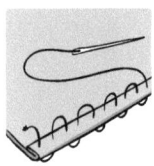

سبيڻ

coudre

ڏندن كي برش كرڻ

brosser les dents

قتل كرڻ

tuer

سگريٽ پيئڻ

fumer

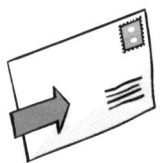

موكلڻ

envoyer

خاندان

la famille

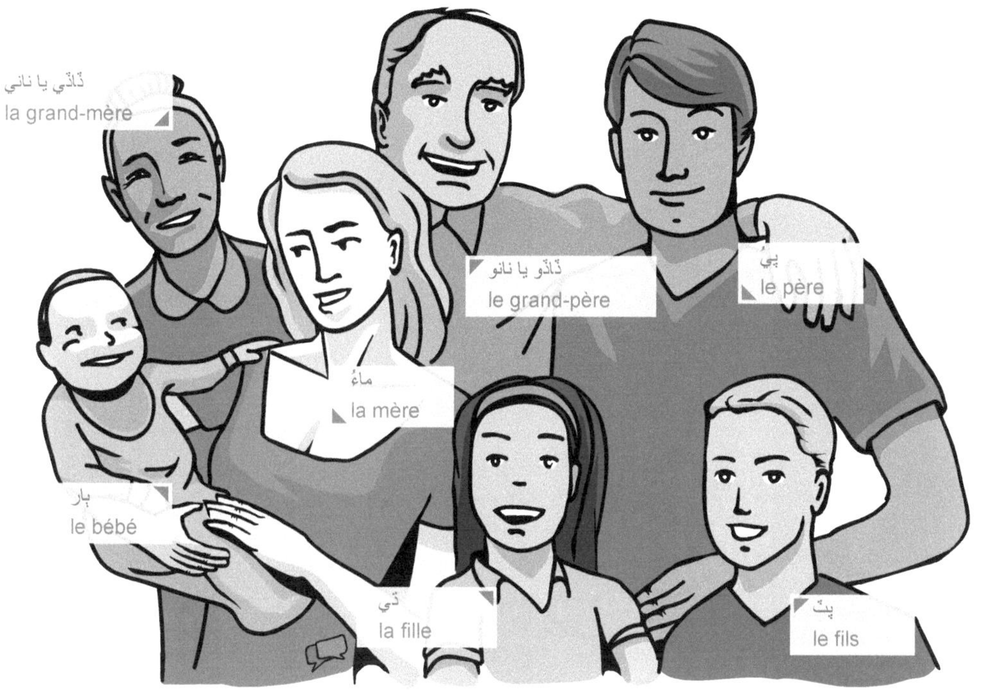
ڏاڏي يا ناني
la grand-mère
ڏاڏو يا نانو
le grand-père
پيُ
le père
ماءُ
la mère
ٻار
le bébé
ڌي
la fille
پٽ
le fils

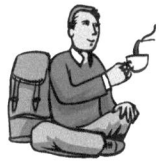

مهمان

l'hôte

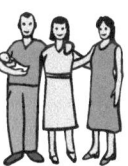

چاچي

la tante

چاچو

l'oncle

ڀاءُ

le frère

ڀيڻ

la sœur

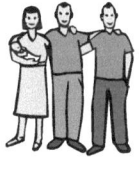

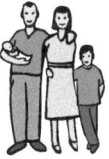

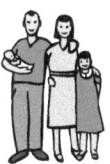

le corps

پیشانی
le front

اک
l'œil

کلهو
l'épaule

آڱر
le doigt

مُنھن
le visage

ڪاڏي
le menton

ھٿُ
la main

چاتی
la poitrine

ٽنگ
la jambe

بانھن
le bras

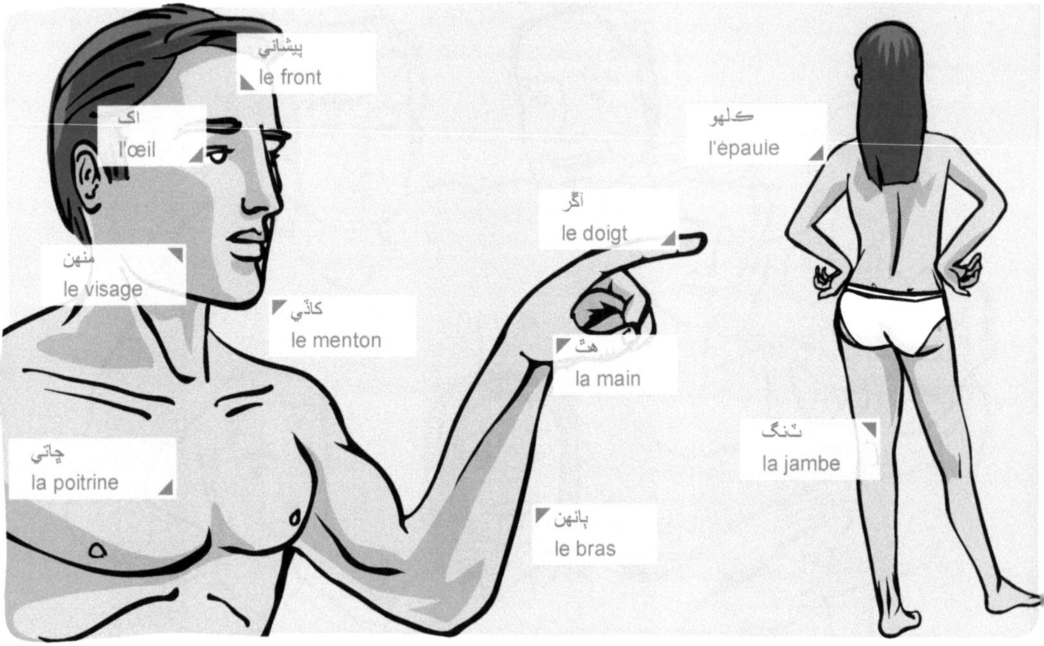

ٻار
le bébé

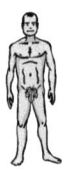

ماڻهون
l'homme

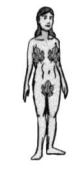

عورت
la femme

ڇوڪري
la fille

ڇوڪرو
le garçon

مَٿو
la tête

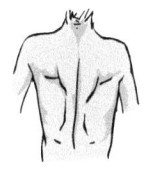

پټی

le dos

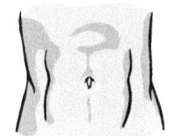

پیټ

le ventre

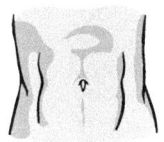

دن

le nombril

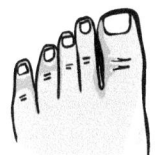

پیر جو اګونو

l'orteil

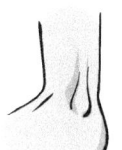

کڙي

le talon

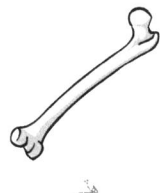

هڏي

l'os

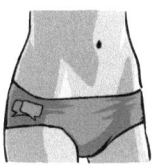

پندڙ

la hanche

ګونډو

le genou

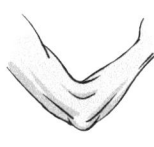

ٿونټ

le coude

نک

le nez

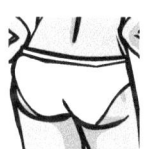

هینهیون حصو

les fesses

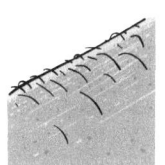

کل

la peau

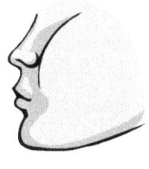

ګل

la joue

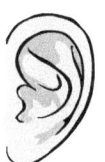

کن

l'oreille

چپ

la lèvre

وات

la bouche

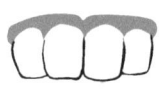

ڈند

la dent

زبان

la langue

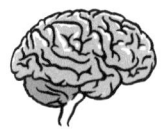

دماغ

le cerveau

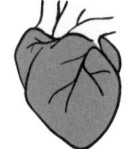

دل

le cœur

ڈورو

le muscle

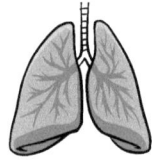

ققز

les poumons

جگر

le foie

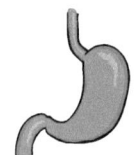

معدو

l'estomac

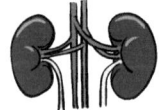

گردا

les reins

جماع کرث

le rapport sexuel

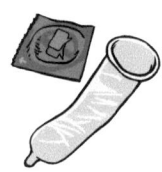

کندووم

le préservatif

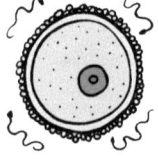

بيضه

l'ovule

مني

le sperme

حمل

la grossesse

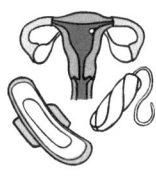

حيض

la menstruation

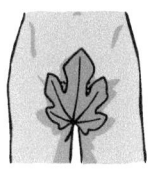

هچيداني جي نالي

le vagin

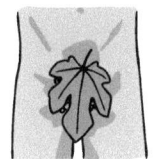

مردانو مخصوص عضوو

le pénis

پرون

le sourcil

وار

les cheveux

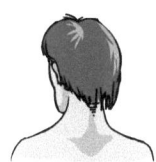

ڳچي

le cou

اسپتال

l'hôpital

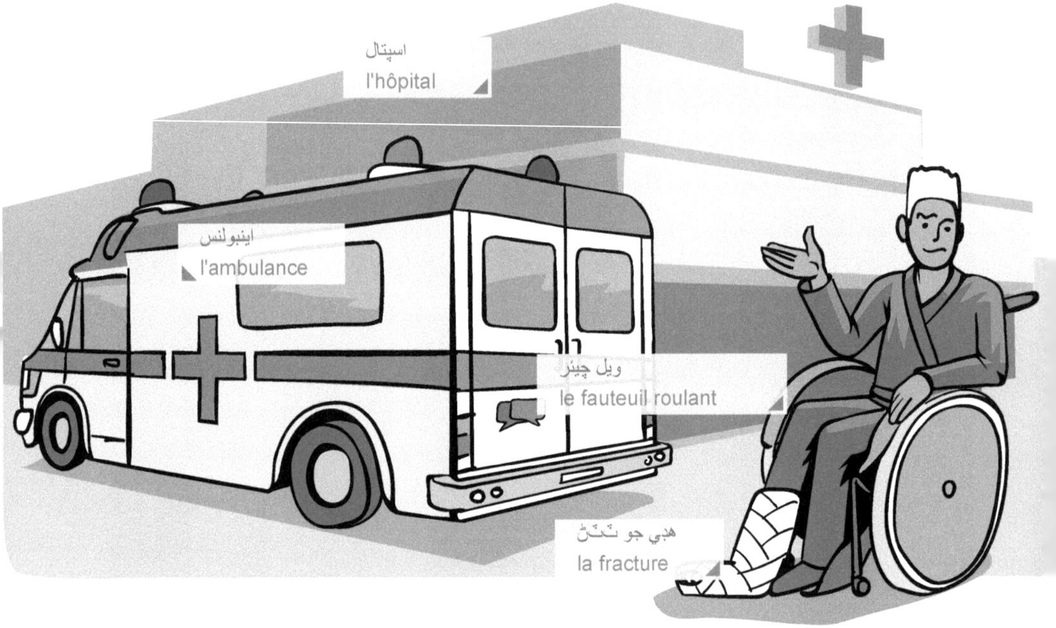

اسپتال
l'hôpital
اينبولنس
l'ambulance
ويل چيئر
le fauteuil roulant
هډي جو ټټګ
la fracture

ډاکټر

....

le médecin

هنګامي کمرو

....

le service des urgences

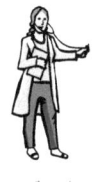

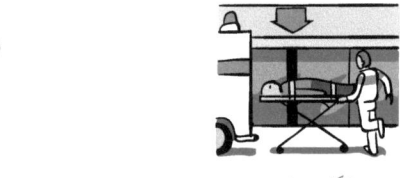

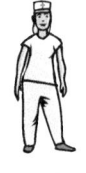

نرس

....

l'infirmière

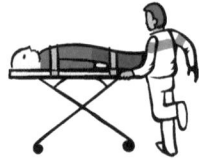

ايکسري

....

l'urgence

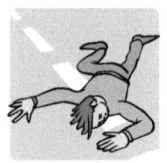

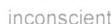

بيهوش

....

inconscient

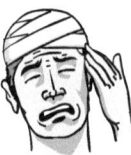

سور

....

la douleur

زخم

la blessure

رت وهِڅ

l'hémorragie

دل جو دورو

la crise cardiaque

فالج

l'attaque cérébrale

الرجي

l'allergie

کنگهه

la toux

بخار

la fièvre

زکام

la grippe

ڈست

la diarrhée

متّي جو سور

le mal de tête

کينسر

le cancer

ذيابيطس

le diabète

سرجن

le chirurgien

جراحي بليڊ

le scalpel

آپريشن

l'opération

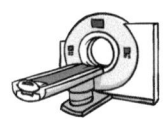

سی نّي

le CT

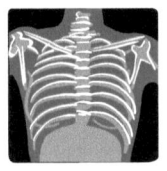

ايكسري

la radiographie

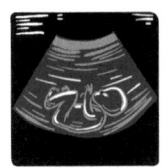

الثّراساؤند

l'échographie

منهن جي ماسك

le masque

بيماري

la maladie

انتظار كرنّ جو كمرو

la salle d'attente

بيساكهي

la béquille

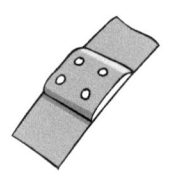

بالاسثّر

le pansement

پتّي

le pansement

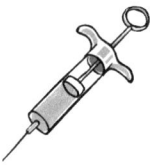

انجيكشن

l'injection

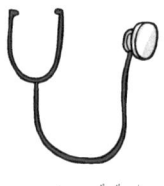

اسثّيثّهوسكوپ

le stéthoscope

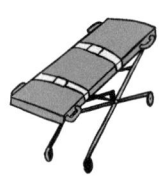

اسثّريچر

le brancard

ثّر مامينثّر

le thermomètre

پيدانش

l'accouchement

موثّاپو

la surcharge pondérale

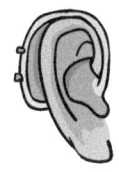

پتّ واري دیوائس

l'appareil auditif

جراثیم كش

le désinfectant

انفیكشن

l'infection

وائرس

le virus

ایچ آئ وي / ایدز

le VIH / le sida

دوا

le médicament

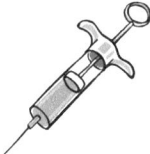

ویكسینیشن

la vaccination

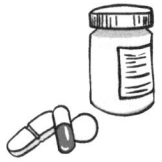

ٹكّی

les comprimés

گولي

la pilule

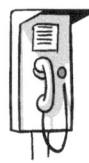

ہنگامي كال

l'appel d'urgence

بلد پریشر مانیٹر

le tensiomètre

بیمار / صحت

malade / sain

مدد

Au secours !

الارم

l'alarme

جسماني حملو ڪرڻ

l'assaut

حملو ڪرڻ

l'attaque

خطره

le danger

هنگامي حالت ۾ ٻاهر نڪرن جو رستو

la sortie de secours

ٻاه
Au feu!

ٻاه وسائڻ جو اوزار

l'extincteur

حادثو

l'accident

ابتدائي طبي امداد
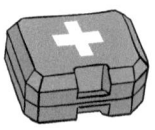
la trousse de premier secours

ايس او ايس

SOS

پوليس

la police

يورپ

l'Europe

اتر أمريكا

l'Amérique du Nord

ذكن امريكا

l'Amérique du Sud

أفريقا

l'Afrique

ايشيا

l'Asie

استّريليا

l'Australie

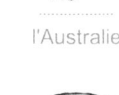

انتلانتك

l'Océan atlantique

پيسفوك

l'Océan pacifique

بحر هند

l'Océan indien

انتاركتك سمند

l'Océan antarctique

أركتك سمند

l'Océan arctique

اتر قطب

le Pôle nord

ذَكْث قطب

le Pôle sud

انتّاركتّيكا

l'Antarctique

زمين

la terre

زمين

le pays

سمندِر

la mer

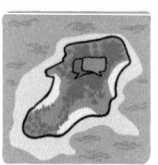

جزيرو

l'île

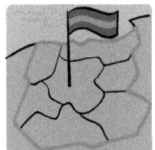

قوم

la nation

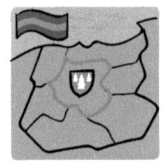

رياست

l'état

گھڙي جو سامهون حصو
....
le cadran

كلاك واري سوئي
....
l'aiguille des heures

منٽ واري سوئي
....
l'aiguille des minutes

سيڪندن واري سوئي
....
l'aiguille des secondes

ٽائم گھٽو ٿيو آهي؟
....
Quelle heure est-il ?

ڏينهن
....
le jour

وقت
....
le temps

هاڻي
....
maintenant

ڊجيٽل گھڙي
....
la montre digitale

منٽ
....
la minute

كلاك
....
l'heure

la semaine

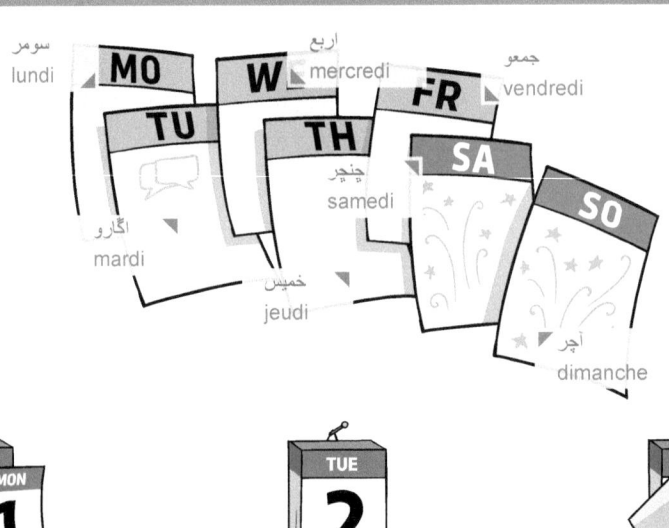

سومرو / lundi — MO
اربع / mercredi — W
جمعو / vendredi — FR
TU — اگارو / mardi
TH
SA
چنچر / samedi
خميس / jeudi
SO
آچر / dimanche

كله
....
hier

اڄ
....
aujourd'hui

سباني
....
demain

صبح
....
le matin

منجهند
....
le midi

شام
....
le soir

MO	TU	WE	TH	FR	SA	SU
1	2	3	4	5	6	7
8	9	10	11	12	13	14
15	16	17	18	19	20	21
22	23	24	25	26	27	28
29	30	31	1	2	3	4

كاروباري ڏينهن
....
les jours ouvrables

MO	TU	WE	TH	FR	SA	SU
1	2	3	4	5	6	7
8	9	10	11	12	13	14
15	16	17	18	19	20	21
22	23	24	25	26	27	28
29	30	31	1	2	3	4

هفتي جو آخر
....
le week-end

برسات
la pluie

اندلٺ
l'arc-en-ciel

برف
la neige

هوا
le vent

بهار
le printemps

گرمي جي موسم
l'été

خزان
l'automne

سردي جي موسم
l'hiver

4.APRIL	11°	☀
5.APRIL	4°	☔
6.APRIL	13°	☁
7.APRIL	8°	❄
8.APRIL	10°	☀

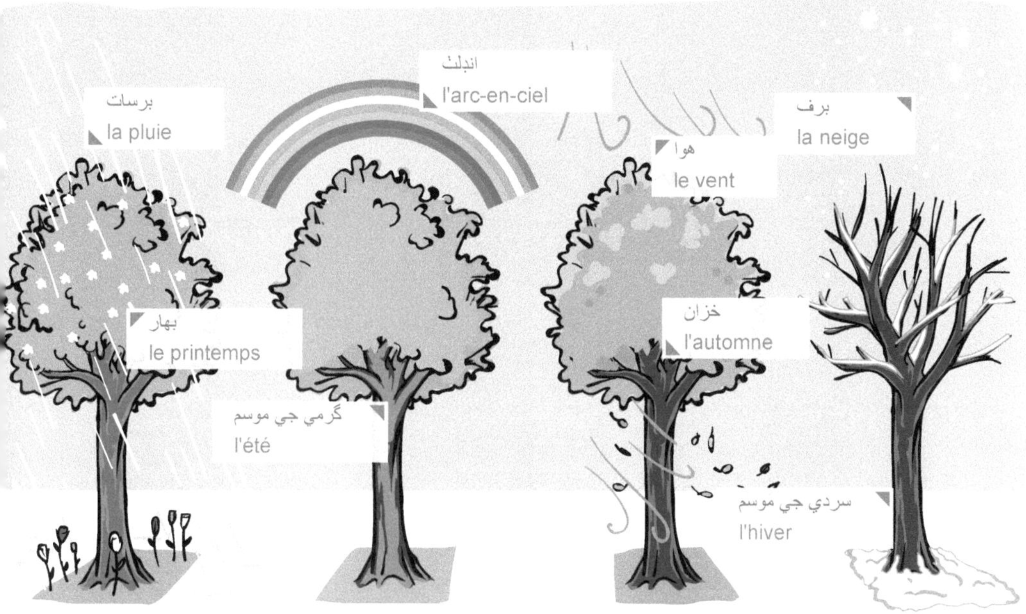

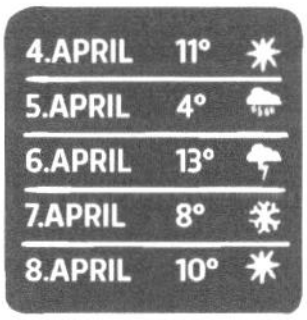

موسم جي پيشنگوهي
la météo

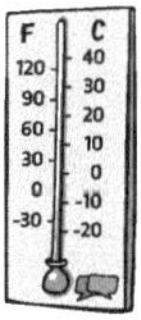

ٿرماميٽر
le thermomètre

اس
la lumière du soleil

بادل
le nuage

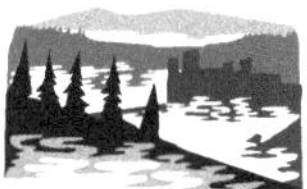

ڌنڌ
le brouillard

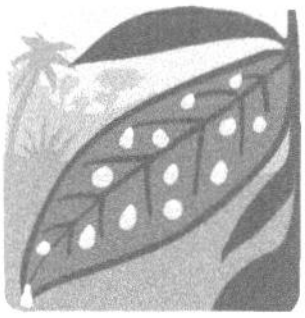

نمي
l'humidité

أسماني بجلي

la foudre

نّرمامينّر

la tonnerre

طوفان

la tempête

ڳُڙَن جو مينهن

la grêle

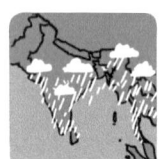

مون سون

la mousson

ٻوڏ

l'inondation

برف

la glace

جنووري

janvier

فيبروري

février

مارچ

mars

اپريل

avril

مئي

mai

جون

juin

جولاني

juillet

أگسّٽ

août

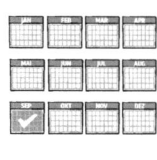

سِيبْتَمْبِر
....
septembre

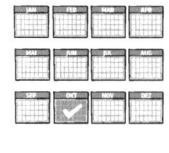

أَكْتُوبِر
....
octobre

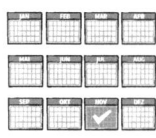

نُوفَمْبِر
....
novembre

دِيسَمْبِر
....
décembre

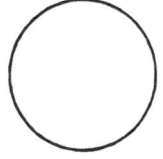

دَائِرُو
....
le cercle

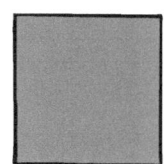

چَكُور
....
le carré

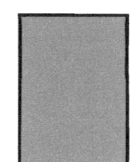

مُسْتَطِيل
....
le rectangle

تْكَنْدِي
....
le triangle

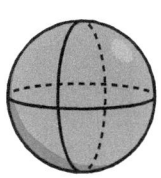

كُرَه
....
la sphère

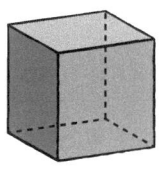

كَعْب
....
le cube

les couleurs

اچو

blanc

پيلو

jaune

نارنجي

orange

گلابي

rose

ڳاڙهو

rouge

جامني

violet

نيرو

bleu

سائو

vert

ناسي

marron

پورو

gris

كارو

noir

les oppositions

گهڼو / ٹوږو

beaucoup / peu

ناراض / پر سکون

fâché / calme

خوبصورت / بدصورت

joli / laid

شروعات / ختم

le début / la fin

وڈو / نڈو

grand / petit

روشني / اونده

clair / obscure

بهن / بهائي

frère / soeur

صاف / خراب

propre / sale

مکمل / نا مکمل

complet / incomplet

ڈینهن / رات

le jour / la nuit

مرده / زنده

mort / vivant

بگهو / تنگ

large / étroit

كائنٹ قابل نه هجٹ / كائنٹ جي قابل هجن

comestible / incomestible

برو / سٹو

méchant / gentil

پرجوش / بوريت جوشكار

excité / ennuyé

موٹو / پٹلو

gros / mince

پهريون / أخري

le premier / le dernier

دوست / دشمن

l'ami / l'ennemi

پريل / خالي

plein / vide

سخت / نرم

dur / souple

گورو / هلكو

lourd / léger

بک / اج

faim / soif

بيمار / صحت

malade / sain

غيرقانون / قانوني

illégal / légal

عقلمند / بيوقوف

intelligent / stupide

سڈو / ابٹو

gauche / droite

ويجهي / پري

proche / loin

ننون / استعمال ثيل

nouveau / usé

كجه به نه / كجه

rien / quelque chose

پوړهو / نوجوان

vieux / jeune

ان / أف

marche / arrêt

كليل / بند

ouvert / fermé

خاموش / بلند أواز سان

faible / fort

امير / غريب

riche / pauvre

صحيح / غلط

correct / incorrect

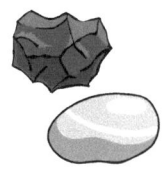

كهورو / لسو

rugueux / lisse

غمگين / خوش

triste / heureux

مختصر / دگهو

court / long

اهسته / تيز

lent / rapide

الو / سكل

mouillé / sec

گرم / ټنّو

chaud / froid

جنگ / امن

la guerre / la paix

نمبرز

les nombres

0

زيرو

zéro

1

هک

un / une

2

به

deux

3

ټّي

trois

4

چار

quatre

5

پنځ

cinq

6

چه

six

7

ست

sept

8

اتّ

huit

9

نّو

neuf

10

لّه

dix

11

يارهن

onze

12

پارهن

douze

13

تيرهن

treize

14

چوڈهن

quatorze

15

پندرهن

quinze

16

سورهن

seize

17

سترهن

dix-sept

18

ارڑهن

dix-huit

19

اوٹويه

dix-neuf

20

ويه

vingt

100

سو

cent

1.000

هزار

mille

1.000.000

ڈه لک

le million

les langues

انگریزي

l'anglais

آمریکي انگّریزي

l'anglais américain

چیني میندارن

le chinois mandarin

هندي

le hindi

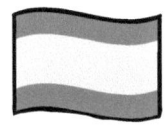

اندلسي ہولي

l'espagnol

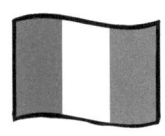

فرانسیسي

le français

عربي

l'arabe

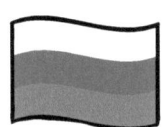

روسي

le russe

پرتگالي

le portugais

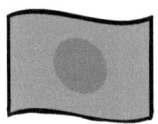

بنگالي

le bengali

جرمن

l'allemand

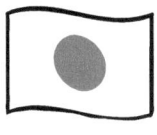

جاپاني

le japonais

مان

je

تون

tu

هي چوكري/ هي چوكرو / هو

il / elle / ce, c', cela

اسان

nous

تون

vous

هو

ils / elles

كير؟

Qui ?

چا؟

Quoi ?

كيئن

Comment ?

كٿي؟

Où ?

كڈهن؟

Quand ?

نالو

le nom

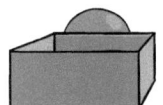

پويان

derrière

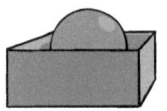

dans

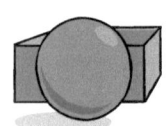

جي سامهون

devant

مٿي

au-dessus

تي

sur

هيٺ

en-dessous

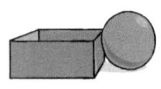

ڀر

à côté de

وچ ۾

entre

جڳه

le lieu